Ce livre appartient à:

L'auteur et l'éditeur remercient Malika Nessah
et ses collègues enseignantes de CP de l'école polyvalente Reims,
à Paris, ainsi que leurs élèves, pour leur relecture et leurs conseils.

14 bis, rue des Minimes, 75003 Paris
www.playbac.fr

ISBN : 978-2-8096-5653-4
Dépôt légal : juillet 2016.
Loi n°49-956 du 16 juillet 1949 sur les publications destinées à la jeunesse.
Imprimé en France par Pollina - L77043A.

PEFC 10-31-2065
Ce produit est issu de forêts gérées durablement et de sources contrôlées.

Didier Lévy · Mélanie Roubineau

Chopin au CP

Enfin la rentrée !

playBac

Chopin a un rêve :
apprendre à lire.
S'il savait lire, il pourrait comprendre ce qui est écrit sur ses paquets de croquettes !
Il pourrait dévorer le programme télé, le livre de recettes de cuisine…
Soudain, il a une idée !

Aller à l’école !

Le lendemain matin, hop !
Chopin se faufile dans l'école.
Mais le gardien le repère :
– Le toutou, tu repars !

Raté.

Le jour suivant, le revoilà… déguisé.
Hop, il passe devant le gardien !
Hop, le voilà dans la cour !
Mais la directrice, aussi, le repère :
– Le toutou, tu repars !

Encore raté.

Le jour d'après, Chopin change
de déguisement.
Hop, il passe devant le gardien !
Hop, il passe devant la directrice !
Hop, il rejoint les élèves de CP qui
s'apprêtent à monter en classe !

Je suis trop fort !

Dans la classe, Chopin file se cacher
au fond, près d'une étagère.
Par l'ouverture du cartable, il observe
les affiches, les enfants, la maîtresse
qui écrit la date au tableau.

Ça y est, je suis au CP !

En plein milieu de la matinée, une sonnerie retentit et tout le monde s'en va !
« Qu'est-ce qui se passe ? » se demande Chopin, surpris.
Au bout d'un moment, il sort de son cartable et s'aventure dans la classe vide.

Il est si épaté qu'il n'entend pas les enfants qui déjà reviennent de la récré…

Oups ! Vite, Chopin court se cacher !
Mais des pas se rapprochent,
se rapprochent, se rapprochent…
et la maîtresse se penche sur lui.
– LE TOUTOU, TU REPARS !
Alors Chopin soulève le rabat
de son cartable et sort son ardoise…

Chopin ♥ école

Puis Chopin traverse la classe
pour repartir.
Sous le regard des enfants, tristes.
Sous le regard de la maîtresse, dont
le cœur se met à fondre…

Fini le paradis.

– Tu peux rester ! s'écrie la maîtresse.

– Youpi ! s'écrient à leur tour les enfants.

La maîtresse désigne à Chopin une table et une chaise. Les enfants lui font visiter la classe et lui montrent la bibliothèque, le bureau de la maîtresse, les portemanteaux dans le couloir…

Ouf ! Sauvé !

Chopin va s'asseoir à sa place,
sacrément fier : sa table ! Sa chaise !
Puis, tout content, il offre des croquettes
aux enfants et à la maîtresse.
Mais personne n'en veut.

Ils ne savent pas ce qu'ils ratent.

La maîtresse en profite pour donner un exercice de calcul au tableau.

– J'ai 7 croquettes, j'en mange 3. Combien m'en reste-t-il ?

Chopin, qui a discrètement mangé les siennes, soupire…

7 - 3 =
Plus que moi...

Puis, de nouveau, la sonnerie retentit !
La matinée d'école est terminée.
Les enfants conduisent alors Chopin…
à la cantine.

Encore manger ?

Oui, encore manger !
L'après-midi, Chopin retrouve sa table et sa chaise.
Et, après avoir écouté une poésie lue par la maîtresse, il fait son premier dessin d'écolier dans son cahier.
Le bonheur.

Demain, je reviens !

Joue avec Chopin

Trouve le bon chemin

Aide Chopin à rejoindre son bureau dans sa classe de CP.

As-tu bien lu ?

Qu'est-ce que Chopin offre à la maîtresse et aux élèves ?

des croquettes

des bonbons

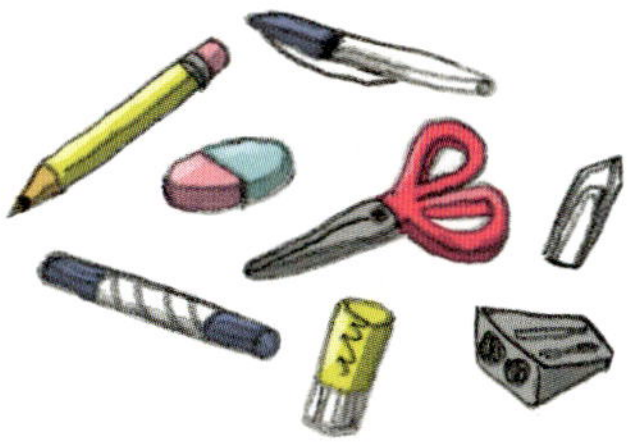

des fournitures pour la classe

Invente des histoires

Raconte ce qui se passerait si un chien venait dans ta classe.

Imagine un parfum de croquettes délicieux et un autre bien dégoûtant !

Chers parents,

Votre enfant entre en CP comme Chopin, le héros de cette histoire, et comme lui, il va apprendre à lire. Avec les aventures de ce drôle de chien, votre enfant va retrouver son quotidien d'écolier et goûter au plaisir de lire. Il va découvrir les bénéfices de la lecture : comme Chopin, il pourra savoir ce qu'il mange en lisant les étiquettes et choisir enfin son programme télé !

Les histoires de Chopin proposent une lecture progressive pour suivre l'enfant dans son apprentissage et l'aider à passer d'une lecture accompagnée à une lecture autonome. Les textes des bulles et de l'ardoise du héros correspondent aux enseignements du premier trimestre : l'enfant pourra les lire dès ce moment, au cours d'une lecture à deux avec l'adulte. Avant de lire toute l'histoire seul dès le deuxième trimestre.

Bonne lecture et bon CP,

Didier Lévy
(et Chopin)